BEI GRIN MACHT SICH IHR WISSEN BEZAHLT

- Wir veröffentlichen Ihre Hausarbeit,
  Bachelor- und Masterarbeit

- Ihr eigenes eBook und Buch -
  weltweit in allen wichtigen Shops

- Verdienen Sie an jedem Verkauf

Jetzt bei www.GRIN.com hochladen und kostenlos publizieren

Die Prozesskostenrechnung am Beispiel eines fiktiven Unternehmens. Optimierung der Effizienz des bestehenden Geschäftsmodells

Magdalena Helm

Bibliografische Information der Deutschen Nationalbibliothek:

Die Deutsche Nationalbibliothek verzeichnet diese Publikation in der Deutschen Nationalbibliografie; detaillierte bibliografische Daten sind im Internet über http://dnb.d-nb.de abrufbar.

ISBN: 9783346840257
Dieses Buch ist auch als E-Book erhältlich.

© GRIN Publishing GmbH
Nymphenburger Straße 86
80636 München

Druck und Bindung: Books on Demand GmbH, Norderstedt Germany
Gedruckt auf säurefreiem Papier aus verantwortungsvollen Quellen

Das Buch bei GRIN: https://www.grin.com/document/1336734

Fallstudie

Alternative A: Einsatz der Prozesskostenrechnung am Beispiel der Inno-Pharma GmbH

Hochgeladen am: 30.09.2022

SRH FernHochschule – The Mobile University

Modul: Controlling-Systeme und -Prozesse

(MCOSPR) Studiengang: Management (M.Sc.)

von

Magdalena Helm

Inhalt

Abkürzungsverzeichnis

ABC	=	Activity Based Costing
BAB	=	Betriebsabrechnungsbogen
GK	=	Gemeinkosten
i.H.v.	=	in Höhe von
IT	=	Informationstechnologie
KRS	=	Kostenrechnungssystem
lmi	=	leistungsmengeninduziert
lmn	=	leistungsmengenneutral
MA	=	Mitarbeitende
PKR	=	Prozesskostenrechnung
TKR	=	Teilkostenrechnung
VKR	=	Vollkostenrechnung

Abbildungsverzeichnis

Tabellenverzeichnis

Anlagen

Anlage 1: Beispielrechnung Excel-Datei „HelmMagdalena_2001589_MCOSPR"

1. Einleitung

In der vorliegenden Fallstudie soll ein geeignetes Kostenrechnungssystem erarbeitet werden. Hierbei wird insbesondere auf das Kostenrechnungssystem in Form der Prozesskostenrechnung eingegangen. Am Beispiel eines fiktiven Unternehmens, welches nachfolgend den Namen *Inno-Pharma GmbH* trägt, soll beispielhaft gezeigt werden, wie ein passendes Kostenrechnungssystem konzipiert und umgesetzt werden kann. Das fiktive Unternehmen soll nachfolgend vorgestellt werden.

Bei der *Inno-Pharma GmbH* handelt es sich um ein Unternehmen mit Tätigkeitsschwerpunkt in der innovativen Medizintechnik. Mit Fertigungs- und Montagestandorten in Deutschland sowie Vertriebsniederlassungen in Frankreich und der Schweiz ist das Unternehmen überregional vertreten. Auf diese Standorte verteilen sich ca. 950 Beschäftigte. Das Unternehmen teilt sein Produktspektrum in zwei verschiedene Zielmärkte auf: Zum einen bietet die Inno-Pharma GmbH hochpreisige Geräte für professionelle Anwender an und bedient somit medizinische Einrichtungen, zum anderen stellt sie preisgünstige Geräte für private Endverbraucher her. Generell legt das Unternehmen Wert auf eine flexible strategische Entwicklung und richtet gleichzeitig den Fokus auf hochwertige Technologien „Made in Germany".

Ziel der Fallstudie ist es, die Konzeption der Prozesskostenrechnung nachvollziehbar und zum Marktumfeld sowie Geschäftsmodell passend darzustellen, damit das Beispielunternehmen darauf aufbauend die Effizienz des bestehenden Geschäftsmodells optimieren kann. Weiterhin soll eine im Unternehmen etablierte Prozesskostenrechnung die Aussagefähigkeit im Vergleich zu anderen Kostenrechnungssystemen deutlich verbessern.

Nach einem einleitenden ersten Kapitel erfolgt im zweiten Kapitel die Darstellung der Grundlagen zu Kostenrechnungssystemen. Anhand dieser Basis wird vertiefend auf verschiedene Systeme eingegangen und ein Vorschlag für die Inno-Pharma GmbH erarbeitet, welches Kostenrechnungssystem am besten für das Unternehmen geeignet wäre. Das dritte Kapitel zielt darauf ab, die Grundlagen der Prozesskostenrechnung näher zu bringen und deren Aufgaben und Ziele zu erläutern. Dies geschieht in Bezugnahme auf das Beispielunternehmen Inno-Pharma GmbH. Nachfolgend wird auf die Wirkung von Allokations-, Komplexitäts- und Degressionseffekt eingegangen sowie deren verbesserte Aussagefähigkeit im Vergleich zu anderen Kostenrechnungssystemen erörtert. Im anschließenden Kapitel 4 erfolgt die Ergebnisdiskussion der beispielhaften Prozesskostenrechnung. Hierfür wurde anhand der Kostenstellen „Montage" und „Materialwirtschaft" der Inno-Pharma GmbH eine Berechnung auf Basis von Beispieldaten durchgeführt, welche der Fallstudie im Anhang beiliegt. Die Ergebnisse der Berechnung werden kritisch erörtert und insbesondere in Bezug auf Bedeutung für die Inno-Pharma GmbH diskutiert. Auf Basis der Ergebnisse erfolgt außerdem die Ausarbeitung von Handlungsempfehlungen für das Unternehmen. Im fünften Kapitel schließt die Fallstudie mit einem Fazit und Ausblick ab.

2. Grundlagen für die Erstellung eines Kostenrechnungssystems für die Inno-Pharma GmbH

2.1 Grundlagen der Kostenrechnungssysteme

Für das weitere Vorgehen in dieser Fallstudie sollen die wesentlichen Grundlagen dargestellt werden. Hierfür wird zunächst auf verschiedene Definitionen, die Aufgaben und die Ziele eines Kostenrechnungssystems eingegangen.

Es stellt sich heraus, dass es keine allgemeingültige Definition für den Begriff des Kostenrechnungssystem (KRS) gibt. Eine Definition liefern Buchholz und Gerhards (2016): „Kostenrechnungssysteme sind konkrete Ausgestaltungsformen von Kostenrechnungen. Sie umfassen damit alle Vorstellungen und Verfahrensweisen, die eine konkrete Ausprägung einer Kostenrechnung determinieren. Kostenrechnungssysteme repräsentieren stets ein Leitbild und stellen heraus, wie eine Kostenrechnung zu konzipieren ist."[1] Folglich bilden Kostenrechnungssysteme die Kostenrechnung eines Unternehmens ab und legen fest, wie diese zu gestalten und zu interpretieren ist. Indem sie als Lieferant von operativen Informationen über Kostenstellen (wo entstehen die Kosten?), Kostenarten (welche Kosten entstehen?) und Kostenträger (wofür entstehen die Kosten?) fungieren, geben Kostenrechnungssysteme einen Überblick über die Kostenstrukturen im Unternehmen.[2] Die gelieferten Informationen unterstützen bei betrieblichen Entscheidungen. In Abhängigkeit von der zu treffenden Entscheidung als auch von den herrschenden Umständen bei der Entscheidungsfindung müssen verschiedene Informationen über Kosten bzw. Leistung bereitgestellt werden.[3] Die Basis für ein Kostenrechnungssystem bildet stets ein vorausgehendes, theoretisch schlüssiges Kostenrechnungskonzept, welches gleichzeitig spezifische Praxisanforderungen erfüllen muss.[4] Es lässt sich feststalten, dass ein solches System ein signifikantes Abrechnungsverfahren abbildet, welches insbesondere Informationen zur Zieleinhaltung und Kontrolle gewinnen soll, um dadurch die Rentabilität eines Unternehmens steuern zu können. Die Zusammensetzung besteht aus Basiselementen der Kostenstellen-, Kostenarten- und Kostenträgerrechnung, welche stets in einer gewissen integrierten Abhängigkeit zueinander stehen.[5] Ziel ist dabei

---

[1] *Buchholz/Gerhards* (2016). S. 121
[2] Vgl. Lachmann in *Becker/Ulrich* (2016). S. 616
[3] Vgl. *Plinke/Utzig* (2020). S. 51
[4] Vgl. *Becker* (2011). S. 143
[5] Vgl. *Ebert/Steinhübel* (2020). S. 134

die Dokumentation, Planung, Kontrolle und Steuerung innerhalb des Unternehmens.[6] Auch bei der Inno-Pharma GmbH nimmt dieses Thema eine wichtige Rolle ein, handelt es sich hierbei doch um ein größeres Unternehmen mit mehreren (Produktions-)Standorten und einer hohen Anzahl an Beschäftigten. Ein funktionierendes und aussagekräftiges Kostenrechnungssystem ist insofern von Vorteil, als dass es wichtige Funktionen in der Kontrolle der Wirtschaftlichkeit sowie der optimalen Planung und Steuerung des Unternehmens übernimmt.

2.2 Übersicht Kostenrechnungssysteme allgemein mit Bezug auf die Inno-Pharma GmbH

In Abhängigkeit von dem betrieblichen Hintergrund und der Zielsetzung können Kostenrechnungssysteme prinzipiell in zwei zentrale Merkmale unterteilt werden. Die Differenzierung entsteht hinsichtlich des Zeitbezugs der Kosten sowie des Ausmaßes der Kostenverrechnung und ist somit vergangenheits- oder zukunftsbezogen bzw. besteht in Form einer Voll- oder Teilkostenrechnung. Hierbei wird ersichtlich, dass die Inno-Pharma GmbH ein Bewusstsein schaffen muss, welche Art von Kostenrechnung die richtige für sie sein könnte. Durch die beliebige Kombination der beiden Möglichkeiten kann das passende Kostenrechnungssystem ermittelt werden.[7] Nachfolgende Abbildung 1 zeigt die Systeme der Kosten- und Leistungsrechnung, aufgeteilt nach Zeitbezug und Sachumfang. Anschließend sollen die Merkmale „Zeitbezug" und „Ausmaß" genauer beschrieben werden.

---

[6] Vgl. *Freidank* (2019). S. 72
[7] Vgl. *Horsch* (2020). S. 35

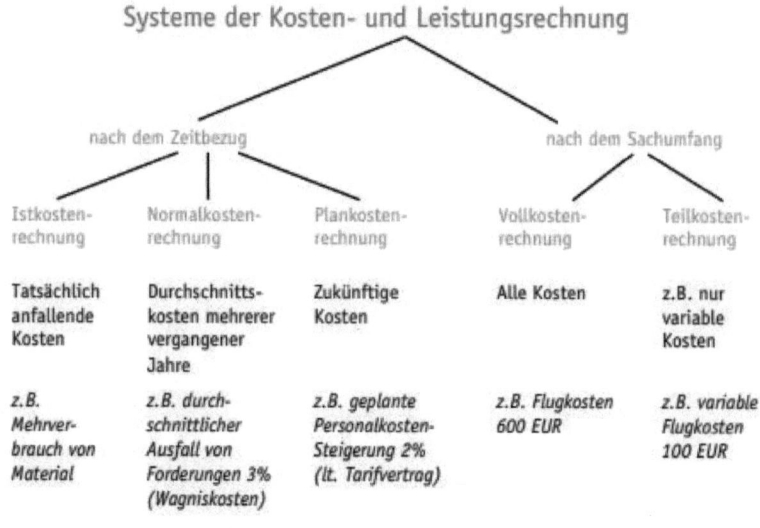

Abbildung 1: Systeme der Kosten- und Leistungsrechnung (Coenenberg et al. (2016). S. 73)

Hinsichtlich des Zeitbezuges können Systeme der Kosten- und Leistungsrechnung in eine Ist-, Normal- und Plankostenrechnung unterteilt werden.[8] Eine Ist- oder Normalkostenrechnung ist stets vergangenheitsorientiert und informiert über eine bereits vergangene Abrechnungsperiode, wohingegen eine Plankostenrechnung zukunftsorientiert ausgerichtet ist und Kosten einer bevorstehenden Periode konzipiert.[9] Istkosten bilden alle tatsächlich in einer vergangenen Periode angefallenen Kosten ab. Diese werden sowohl insgesamt als auch nach Produktgruppe und pro Stück betrachtet.[10] Sie sind vergangenheitsorientiert und einperiodig.[11] Die Erfassung der Istkosten ist erst dann möglich, wenn der Güterverbrauch passiert ist. Die Höhe der Kosten ergibt sich aus dem Verbrauch multipliziert mit dem Istpreis.[12] Ob die angefallenen Kosten in ihrer Höhe angemessen sind, lässt sich jedoch nur schwer beurteilen, da oftmals keinerlei angemessene Vergleichsmaßstäbe vorliegen. Ebenso dienen Istkosten aufgrund ihres bedingt zukunftsorientierten Informationsgehalts weniger der unternehmerischen Entscheidungsfindung.[13] Wie die Istkosten sind auch die Normalkosten vergangenheitsorientiert. Sie sind jedoch im Gegensatz zu den Istkosten mehrperiodig.[14] Die Normalkosten stellen einen Durchschnittswert der Istkosten mehrerer Perioden dar. Bei Bedarf werden diese

---

[8] Vgl. *Coenenberg* et al. (2016). S. 73
[9] Vgl. *Reim* (2020). S. 18
[10] Vgl. *Mumm* (2019) S. 5
[11] Vgl. *Ebert/Steinhübel* (2020). S. 139
[12] Vgl. *Horsch* (2020). S. 36
[13] Vgl. *Joos* (2014). S. 114-115
[14] Vgl. *Ebert/Steinhübel* (2020). S. 139

Durchschnittswerte um außergewöhnliche Effekte bereinigt, sollten entsprechende Vorgänge innerhalb der berücksichtigten Perioden vorgekommen sein.[15] Nach Ablauf einer Periode sollten die Istkosten an den ermittelten Normalkosten gemessen werden.[16] Wichtig für die Normalisierung ist insbesondere die Berücksichtigung von Einzel- und Gemeinkosten (GK) sowie Preis- und Mengenveränderungen, Verfahrensanpassungen und Beschäftigungsschwankungen.[17] Die Normalkostenrechnung verzichtet auf die Umlage der angefallenen Gemeinkosten auf die Kostenträger. Dadurch ergibt sich eine Über- bzw. Unterdeckung, welche direkte Auswirkungen auf das Betriebsergebniskonto hat. Sind die Istkosten kleiner als die Normalkosten, spricht man von einer Überdeckung, während eine Unterdeckung das Gegenteil darstellt (Istkosten > Normalkosten).[18] Bei der Inno-Pharma GmbH könnte eine Normalkostenrechnung ebenso zum Einsatz kommen, um Selbst- und Herstellkosten pro Leistungseinheit zu ermitteln und mit normalisierten Gemeinkostenzuschlägen belasten zu können. Somit lassen sich zum Ende einer Periode die Über- und Unterdeckungen berechnen und auf das Betriebsergebniskonto verbuchen.[19] Im Gegensatz zu den anderen beiden Kosten sind Plankosten zukunftsorientiert und daher als Unterstützung für bevorstehende Entscheidungen notwendig. Eine Abweichungsanalyse zwischen Plan- und Istkosten kann als Steuerungsinstrument für das Unternehmen dienen.[20] Die Plankosten bilden die zu erwartenden Kosten bei geplanter Beschäftigung und unauffälligem Betriebsverlauf ab.[21] In der Wissenschaft gilt die Plankostenrechnung überwiegend als „eigentliche[r] Mittelpunkt der Kostenrechnung"[22]. Der Grund dafür liegt in der Vorgabe der erwünschten und realistischen Sollkosten, welche wiederum die Basis für die Kostenstellen-, Kostenträger- und Kostenartenrechnung liefern. Istkosten gelten lediglich als Vergleichsgröße und wirken ergänzend zur Plankostenrechnung.[23]

Neben der zeitbezogenen Unterscheidung lassen sich Kostenrechnungssysteme auch in eine Voll- bzw. Teilkostenrechnung (VKR bzw. TKR) aufteilen. Bei einer Vollkostenrechnung werden alle Kosten unabhängig von ihrer nachfolgenden Differenzierung erfasst. Generell müssen mit den erzielten Umsätzen alle Kosten gedeckt werden, um eine Gewinnerzielung zu ermöglichen.[24] Es erfolgt eine Zurechnung aller Kosten – unabhängig davon, ob fix oder variabel bzw. Einzel- oder Gemeinkosten – auf den Kostenträger,

---

[15] Vgl. *Götze* (2010). S. 22
[16] Vgl. *Mumm* (2019). S. 6
[17] Vgl. *Ebert/Steinhübel* (2020). S. 146
[18] Vgl. *Freidank* (2019). S. 78-79
[19] Vgl. *Freidank* (2019). S. 79
[20] Vgl. *Reim* (2020). S. 18
[21] Vgl. *Götze* (2010). S. 22
[22] *Ebert/Steinhübel* (2020). S. 136
[23] Vgl. *Ebert/Steinhübel* (2020). S. 136
[24] Vgl. *Coenenberg* et al. (2016). S. 73

wodurch sich eine langfristige Preisuntergrenze ermitteln lässt. Der Absatzpreis muss mindestens dieser Preisuntergrenze, jedoch eher mehr, entsprechen, damit ein Unternehmen dauerhaft am Markt präsent sein kann.[25] Durch die vollständige Zurechnung aller fixen und variablen Kosten wird bei der VKR das Verursachungsprinzip vernachlässigt. Das Verursachungsprinzip besagt, „dass den einzelnen Kostenträgern nur jene Kosten zugerechnet werden können, die durch den Kostenträger verursacht wurden."[26] Dafür kommt bei der Schlüsselung der Gemeinkosten das Kostenüberwälzungsprinzip zum Einsatz. Hierbei werden die angefallenen Gemeinkosten vollständig auf die Kostenstellen aufgeschlüsselt, indem sie proportional zur Summe der Schlüsselgröße verteilt werden.[27] Für die Inno-Pharma GmbH würde dies bedeuten, dass zunächst die Summe der Stellengemeinkosten sowie die Menge der Schlüsselgröße pro Kostenstelle ermittelt werden muss, um den Anteil der jeweiligen Kostenstellen an den Gemeinkosten berechnen zu können. Als problematisch erweist sich die Wahl einer für die Verteilung geeignete Schüsselgröße. Bei der Vollkostenrechnung erfolgt nach der Aufteilung der Gemeinkostenarten auf Kostenstellen – beispielsweise mit Hilfe eines Betriebsabrechnungsbogens (BAB) – eine Ermittlung von Kalkulationssätzen, welche die Basis für die Verrechnung von Kostenstellenkosten auf Kostenträger bilden.[28] Produzierende Unternehmen wie die Inno-Pharma GmbH können von einer Vollkostenrechnung stark profitieren, da diese auf eine langfristige Perspektive ausgelegt ist. Die Fixkosten müssen durch den Verkauf der Produkte mindestens gedeckt sein. Mithilfe der Vollkostenrechnung kann die Inno-Pharma GmbH zum einen die Selbstkostenpreise ermitteln und damit eine mittelfristige Preisuntergrenze festlegen, zum anderen ist sie in der Lage, neben den Einzelkosten einen prozentualen Zuschlag der anfallenden Gemeinkosten in der Angebotserstellung zu berücksichtigen und somit einen nachvollziehbaren Teil der Gesamtkosten an die Kundschaft weiterberechnen.[29]

Während die Vollkostenrechnung eher fertigungsorientiert ist, liegt der Fokus der Teilkostenrechnung auf der Marktorientierung und wurde maßgeblich durch industrielle Betriebe mit Massenfertigung sowie Handels- und Dienstleistungsbetriebe geprägt.[30] Anders als bei der VKR erfolgt bei der TKR eine anteilige Zurechnung der Gesamtkosten auf die Kostenträger bzw. Kalkulationsobjekte. Je nach Variante kann die Verrechnung entweder auf Basis von variablen Kosten oder von Einzelkosten durchgeführt werden.[31] Die Teilkostenrechnung versucht stark, dem bereits erwähnten Verursachungsprinzip

---

[25] Vgl. *Horsch* (2020). S. 39
[26] *Buchholz/Gerhards* (2016). S. 41
[27] Vgl. *Plinke/Utzig* (2020). S. 92
[28] Vgl. *Buchholz/Gerhards* (2016). S .85-86
[29] Vgl. *Lexware.de* (2022).
[30] Vgl. *Ebert/Steinhübel* (2020). S. 139
[31] Vgl. *Ernst* et al. (2017). S. 57

gerecht zu werden. Bei einer Kostenteilung der variablen Kosten werden dem Kostenträger die eindeutig zuordenbaren variablen Kosten verrechnet. Diese Vorgehensweise
nennt sich Grenzkostenrechnung und kann nochmals in weitere Verfahren (Variable
Costing, Marginal Costing, Direct Costing) differenziert werden. Erfolgt die Kostenteilung
anhand der Einzelkosten, spricht man von einer Einzelkostenrechnung. Für einen erfolg-
reichen Einsatz muss zunächst jedoch die Aufsplittung der Kosten in variabel und fix
bzw. in Einzel- und Gemeinkosten durch Unterstützung von Kostenauflösungsverfahren
(mathematisch, statistisch oder buchtechnisch) stattfinden.[32] Die Vollkostenrechnung
weist insbesondere Defizite hinsichtlich der kurzfristigen Entscheidungsfindung und Be-
reitstellung relevanter Kosteninformationen auf, da sie die entsprechenden Kosten peri-
oden- und mengenabhängig, aber nicht verursachungsgerecht verrechnet. Diese Defizite greift die Teilkostenrechnung auf und kann somit rechtzeitig die notwendigen Informationen für kurzfristige Entscheidungen zur Verfügung stellen sowie den kurzfristigen
Periodenerfolg anhand von Deckungsbeiträgen planen, steuern und kontrollieren.[33] Vor-
teile der Teilkostenrechnung sind die Ermittlung des Deckungsbeitrags und der kurzfristigen Preisuntergrenze nach Produkt sowie deren Einfluss auf das Betriebsergebnis. Jedoch werden im Gegensatz zur Vollkostenrechnung die anfallenden Selbstkosten für die
langfristige Preisuntergrenze nicht ausreichend berücksichtigt, da die Teilkosten nicht
für die steuerliche Bewertung herangenommen werden können.[34]

Prinzipiell weisen Voll- und Teilkostenrechnung ein paar wenige Gemeinsamkeiten und
umso mehr Differenzen auf. Eine Gemeinsamkeit stellt der Grundaufbau der beiden Kostenrechnungssysteme dar, bestehend aus der Kostenarten-, Kostenstellen- und Kostenträgerrechnung.[35] Außerdem spielt der Zeitbezug der Kosten keine Rolle, wobei in der
Praxis oftmals nur mit Ist- oder Plankosten gerechnet wird. Weiterhin verfolgen beide
KRS die gleiche Zielsetzung. Sowohl VKR als auch TKR dienen dem Unternehmen als
Steuerungs- und Kontrollinstrument für die Rentabilität der Kostenarten-, Kostenstellen-
sowie Kostenträgerrechnung.[36] Als weitaus zahlreicher stellen sich die systemdifferen-
ten Merkmale dar. Hierzu zählt die grundlegende Orientierung, welche sich wie bereits
erwähnt in fertigungsorientiert (Vollkostenrechnung) und marktorientiert (Teilkostenrechnung). Für die Inno-Pharma GmbH als produzierendes Unternehmen bietet sich demnach eher der Einsatz der Vollkostenrechnung an, um mit der Veräußerung der Produkte
die Fixkosten des Unternehmens zu decken. Die Ermittlung eines vergleichbaren Markt-
preises gestaltet sich auf Grund der innovativen Produkte oftmals als schwierig. Diese

---

[32] Vgl. *Müller/Müller* (2020) S. 77-78
[33] Vgl. *Reim* (2020). S. 146-147
[34] Vgl. *microtech GmbH* (2022).
[35] Vgl. *Coenenberg* et al. (2016). S. 74
[36] Vgl. *Ebert/Steinhübel* (2020) S. 225

Abhängigkeit vom Produktionsportfolio stellt ebenfalls einen Unterschied zwischen VKR und TKR dar. Ein weiteres systemdifferentes Merkmal ist die Proportionalisierung der Kosten. Als Risiko könnte sich die Über- bzw. Unterdeckung bei der Verrechnung der Fixkosten erweisen, da sich bei einer VKR alle Kosten proportional auf die Kostenträger verteilen, während bei der TKR eine zeitabhängige Verrechnung vorgenommen wird. Weitere Unterschiede sind die Zurechnungsprinzipien, die Bewertung der Bestände, der Einfluss der Bestandsbewertung auf das Betriebsergebnis, die Ergebnisarten, die Preisuntergrenze sowie die Kalkulation öffentlicher Aufträge.[37] Welche Art von Kostenrechnungssystem sich für die Inno-Pharma GmbH am besten eignet, wird in Kapitel 2.4 genauer beschrieben

2.3 Optimierung der Kostenkontrollfähigkeit bei der Inno-Pharma GmbH

Die beschriebenen Kosten und Kostenrechnungssysteme weisen unterschiedliche Merkmale auf und verfügen somit über diverse Vor- und Nachteile hinsichtlich der Kostenkontrollfähigkeit. Aus den vorgestellten Kosten ergeben sich drei Vergleichsszenarien, auf die näher eingegangen werden soll: der Ist/Ist-Vergleich, der Normal/Ist-Vergleich sowie der Soll/Ist-Vergleich. Ziel ist es, zwei verschiedene Situationen zu vergleichen. Dieses Vorhaben kann jedoch nur gelingen, wenn die zu betrachtenden Werte auch vergleichbar sind.[38]

Bei einem Ist/Ist-Vergleich erfolgt die Gegenüberstellung der angefallenen Werteverzehre einer Periode mit den Istwerten einer vorangegangenen Periode. Es handelt sich hierbei um einen reinen Zeitvergleich. Dabei wird ermittelt, ob die Selbstkosten des zu überprüfenden Produkts (z.B. Displays bei der Inno-Pharma GmbH) im Vergleich zur vorherigen Periode gestiegen oder gefallen sind. Daraus können grundlegende Erkenntnisse hinsichtlich der Entwicklung der Selbstkosten gewonnen werden. Sinken diese, wirkt sich das eher vorteilhaft aus bzw. vice versa.[39] Dennoch bietet sich ein Ist/Ist-Vergleich nicht unbedingt als optimales Analyseinstrument für eine dauerhafte bezugsgrößenorientierte Kostenkontrolle an.[40] Die größte Problematik besteht darin, dass bei einem Ist/Ist-Vergleich Zufallsschwankungen aus vorangegangenen Perioden nicht gesondert betrachtet werden. Dadurch kann es zu verfälschten Abweichungen kommen, da diese Zufallsschwankungen meist einmalig auftreten. Es liegt keine objektive Vergleichsbasis vor, wodurch das Risiko besteht, zwei fehlerhafte Werte miteinander zu vergleichen. Die Vergleichswerte entstehen oftmals unter verschiedenen Bedingungen, insbesondere bei einer Betrachtung zum Vorjahr. Somit kann kein aussagekräftiger

---

[37] Vgl. *Ebert/Steinhübel* (2020). 226-227
[38] Vgl. *Ebert/Steinhübel* (2020). S. 134
[39] Vgl. *Ebert/Steinhübel* (2020). S. 135
[40] Vgl. *Freidank* (2019). S. 77

Vergleich hergestellt werden, weshalb der Ist/Ist-Vergleich hinsichtlich der Kostenkontrollfähigkeit eher ungeeignet ist.[41] Für die Inno-Pharma GmbH würde sich ein solcher Vergleich lediglich bei kurzfristigen Kostenkontrollen (Kostenvergleich eines Produkts zum Vormonat unter Annahme, dass Bedingungen bei beiden Monaten gleich sind) lohnen, jedoch nicht als vollumfängliches Kontrollinstrument.

Als Fortschritt der Kostenkontrollfähigkeit zeigt sich der Normal/Ist-Vergleich. Hier werden die Istkosten einer Periode mit den Normalkosten verglichen. Wie bereits in Kapitel 2.2 beschrieben, handelt es sich bei den Normalkosten um die um Zufallsschwankungen bereinigten Istkosten innerhalb eines ausgewählten Zeitraumes. Durch den Verzicht der tatsächlichen GK-Verteilung auf die Kostenträger und die Ermittlung eines normalisierten GK-Zuschlags erfolgt bei einem Normal/Ist-Vergleich die Kontrolle, ob eine Unter- bzw. Überdeckung der Istkosten gegenüber den Normalkosten vorliegt.[42] Dadurch lassen sich Unstimmigkeiten und zufällig auftretende Bedingungen innerhalb der Istkosten aufzeigen, welche im Nachgang im Detail untersucht werden können. Eine solche Abweichungsanalyse erweist sich als Verbesserung, da besondere Einflüsse bei den Normalkosten keine Betrachtung finden, hat jedoch auch den Nachteil, dass es sich weiterhin um eine vergangenheitsbezogene Kontrolle handelt und somit wiederholt auftretende Ineffizienzen nicht zwingend erkannt werden.[43]

Eine dritte Möglichkeit, die Entwicklung der Kosten zu kontrollieren, ist der Soll/- oder Plan/Ist-Vergleich. In diesem Szenario werden die tatsächlich angefallenen Istkosten einer bestimmten Zeitperiode mit den für diesen Zeitraum geplanten Kosten, die hätten entstehen sollen, verglichen. Diese Art von Abweichungsanalyse findet sehr häufig Gebrauch, da sie eine schnelle Vorgehensweise zur Ermittlung von Unwirtschaftlichkeiten in der betrieblichen Leistungserstellung darstellt.[44] Soll/Ist-Vergleiche sind aufgrund des vergangenheitsbezogenen Charakters ergebnisorientierte Kontrollen.[45] Die Basis für die Sollkosten wird durch verschiedene Annahmen hinsichtlich Preise, Menge, Kapazität und Auslastung gelegt. Daraus ergeben sich zu erwartende Plankosten, welche als Vergleichsgröße für die tatsächlichen Gegebenheiten und somit die Istkosten dienen. Bei exakter Übereinstimmung entsprechen die eingetretenen Bedingungen den geplanten Bedingungen (Ist = Soll). Zumeist treten jedoch Abweichungen zwischen Ist und Soll auf, woraus folglich veränderte Bedingungen vorherrschen, z.B. durch eine höhere Ist-

---

[41] Vgl. *Ebert/Steinhübel* (2020). S. 135
[42] Vgl. *Freidank* (2019). S. 79
[43] Vgl. *Ebert/Steinhübel* (2020). S. 135
[44] Vgl. *Coenenberg* et al. (2016). S. 266
[45] Vgl. *Freidank* (2019). S. 24

Menge als geplant.[46] Durch die Analyse der Abweichungen lassen sich potenzielle Unwirtschaftlichkeiten entdecken, Wiederholungen dieser zukünftig vermeiden und eine erhöhte Kostenkontrollfähigkeit für das Unternehmen feststellen.[47]

2.4 Empfehlung für die Inno-Pharma GmbH

Für die Inno-Pharma GmbH als produzierendes Unternehmen, das auch durch mehrere Vertriebsstandorte vertreten ist, bietet sich eine Kombination aus mehreren Kostenrechnungssystemen an, welche abhängig vom Einsatzzweck sind.

Generell wäre der Einsatz einer Vollkostenrechnung für die Inno-Pharma GmbH empfehlenswert, da bei dieser sämtliche Kosten – also fix und variabel – auf die jeweiligen Kostenträger verteilt werden und somit ein Gesamtbild der angefallenen Kosten entsteht. Die VKR bietet sich an, um langfristig die Wirtschaftlichkeit des Unternehmens und seiner betrieblichen Leistungserstellung zu überprüfen und sicherzustellen. Mit dieser Art von KRS können mittel- bis langfristige Entscheidungen, insbesondere in der Produktion, getroffen werden. Die Ermittlung einer langfristigen Preisuntergrenze ist außerdem für eine langfristige Planung zwangsläufig erforderlich, denn diese gibt an, zu welchem Preis die Inno-Pharma GmbH ihre Produkte mindestens verkaufen muss, um kostendeckend zu wirtschaften. Da eine VKR nicht für kurzfristige strategische Entscheidungen ausgelegt ist, wäre in solchen Fällen der zusätzliche Einsatz einer TKR sinnvoll. Die TKR verteilt nur einen Teil der Kosten, zumeist lediglich die variablen, verursachungsgerecht auf die Kostenträger. Da die Inno-Pharma GmbH jedoch langfristig alle anfallenden Kosten decken muss, wäre ein solches Szenario nur in besonderen Situationen (z.B. Sonderaufträge, kurzfristig erhöhte Absatzmengen...) denkbar. Weiterhin sollte die Inno-Pharma GmbH zur Kostenkontrolle einen regelmäßigen Soll/Ist-Vergleich durchführen. Dazu gehört zunächst auch die Ermittlung der Plankosten, welche die Vergleichsbasis für die Abweichungsanalyse darstellen. Um eine sinnvolle und aussagekräftige Vergleichbarkeit herzustellen, müssen geeignete Abweichungsgrößen festgelegt werden. Von einer Normalkostenrechnung und einem daraus resultierenden Normal/Ist-Vergleich ist abzuraten. Es fehlt die Umlage der Gemeinkosten, weshalb eine genaue Nachkalkulation nicht möglich ist. Außerdem gestaltet sich das Treffen unternehmerischer Entscheidungen unabhängig von ihrer Zeitdauer als schwierig oder gar unmöglich.

---

[46] Vgl. *Coenenberg* et al. (2016). S. 266
[47] Vgl. *Ebert/Steinhübel* (2020). S. 135

3. Die Prozesskostenrechnung

3.1 Aufgabenfelder und Ziele der Prozesskostenrechnung

Im Laufe der Jahre haben sich die Märkte in den meisten Branchen zu sog. „Käufermärkten" entwickelt. Unternehmen produzieren somit weniger homogene Güter, sondern fertigen immer mehr individuelle und innovative Waren. Die Veränderung in den Kostenstrukturen sowie die wachsende Bedeutung indirekter Leistungsbereiche (z.B. Einkauf, Logistik, IT…) haben zur Wirkung, dass sich der Anteil der Gemeinkosten an den Fertigungskosten erhöht und die Ermittlung der Zuschlagssätze auf Basis der traditionellen KRS fehlerbehaftet ist. Folglich zeigen die bisherigen KRS immer mehr Schwächen auf und verlieren somit an Relevanz.[48] Um diesen Problemen entgegenzuwirken, haben Robin Cooper und Robert S. Kaplan zunächst das „Activity Based Costing (ABC)" entwickelt. Dieses Konzept sieht vor, dass die Gemeinkosten der indirekten Bereiche verursachungsgerecht auf die Produkte verrechnet werden. Im Deutschen setzt sich der von Horváth und Mayer geprägte Begriff „Prozesskostenrechnung" (PKR) durch und fungiert insbesondere zur genaueren Durchdringung der fertigungsfernen Gemeinkostenbereiche sowie als Ergänzung der Grenzkostenrechnung in der Fertigung.[49] Im Gegensatz zum ABC stellt die PKR den Prozessgedanken in den Vordergrund und weniger einzelne Aktivitäten. Die Anwendung der PKR unterstützt langfristig bei der strategischen Planung und dient der mittelfristigen Kostensteuerung und -senkung.[50] Ziel der PKR ist es außerdem, die Präzision der Kostenverrechnung auf die einzelnen Kostenträger zu erhöhen, indem nebst Verrechnungssätze zusätzlich Prozesskostensätze berücksichtigt werden. In der Praxis stößt man normalerweise auf eine PKR in Form von Kostenstellen- oder Kostenträgerstückrechnung. Eine prozessorientierte Kostenarten- oder Kostenträgerzeitrechnung kommt nicht zum Einsatz.[51]

Bei der Berechnung nach Kostenstellen werden zunächst die Prozesse pro Kostenstelle ermittelt. Hierbei werden die ablaufenden Prozesse (Output) sowie die eingesetzten Personal- und Sachmittel (Input) angegeben. Daraus ergibt sich eine Prozessliste, welche in Prozesse und Prozessgrößen unterteilt wird. Kostenstellenübergreifende Prozesse werden anschließend zu Hauptprozessen zusammengefasst. Diese Bündelung zusammengehöriger Teilprozesse erleichtert den nächsten Schritt, die Ermittlung der Prozessgrößen bzw. Kostentreiber. Diese bilden die Bezugsgrößen für die weiterführende Verrechnung der Gemeinkosten, welche in ihrer Höhe abhängig von der Anzahl der erforderlichen Prozesse sind. Diese Phase der PKR stellt sich als die schwierigste dar, da

---

[48] Vgl. *Velte* et al. (2018) S. 563-564
[49] Vgl. *Velte* et al. (2018) S. 564, *Coenenberg* et al. (2016) S. 159
[50] Vgl. *Horváth* et al. (2020) S. 254
[51] Vgl. *Ebert/Steinhübel* (2020). S. 230-231

die Prozessgrößen gewisse Anforderungen erfüllen sollten: einfach ableitbar aus den verfügbaren Informationsquellen, proportional zur Ressourcenauslastung und damit verbundenen Kosten, proportional zur produzierten Menge sowie transparent und verständlich.[52] Zu beachten ist dabei ebenfalls die Unterscheidung zwischen quantitativ messbaren und nicht messbaren Teilprozessen. Ist ein Teilprozess sinnvoll messbar, verfügt er somit auch über einen Kostentreiber und gilt als leistungsmengeninduzierter (lmi) Prozess. Ist keine sinnvolle Messgröße vorhanden, kann dem Prozess kein Kostentreiber zugeordnet werden und wird als leistungsmengenneutral (lmn) bezeichnet.[53] Für jeden lmi-Prozess muss eine geeignete Maßgröße als Kostentreiber festgelegt werden. Die Anzahl der Maßgrößen ist folglich gleich der Anzahl der ermittelten lmi-Prozesse.[54] Als Beispiel für einen lmi-Prozess bei der Inno-Pharma GmbH lässt sich die Anzahl der Aufträge für ein bestimmtes Produkt oder Teil nennen, als lmn-Prozess gelten alle zugehörigen sonstigen Tätigkeiten wie beispielsweise das Leiten einer Abteilung. Im letzten Schritt werden die Prozessmengen bestimmt.[55] Nachfolgende Abbildung (Abb. 2) stellt den Ablauf der Kostenstellenrechnung dar:

1. Ermittlung der Prozesse nach Kostenstelle	2. Zusammenfassung sachlich zusammenhängender Teilprozesse zu Hauptprozessen	3. Ermittlung der Kostentreiber	4. Bestimmung der Prozessmengen
• Erhebung Teilprozesse pro Bereich • Zusammenfassung der Prozesse in Prozessliste	• Verdichtung von Teilprozessen • Basis für Identifikation der Kostentreiber	• Bezugsgröße der angefallenen Gemeinkosten • Unterscheidung in lmi- und lmn-Prozesse	• Messung der Prozessgrößen über bestimmten Zeitraum

Abbildung 2: Prozesskostenrechnung nach Kostenstellen (Eigene Darstellung)

Die Prozesskostenkalkulation besteht ebenfalls aus vier Schritten. Zunächst werden die Prozesskosten der identifizierten Hauptprozesse ermittelt. Dazu gehören sämtliche, dem Prozess verursachungsgerecht zugeordnete Kosten, also auch Personalkosten, Raumkosten, etc. Im zweiten Schritt erfolgt die Berechnung der Prozesskostensätze, indem die Prozesskosten den Prozessmengen gegenübergestellt werden.[56] Nachdem die Prozesskostensätze berechnet wurden, können die lmn-Kosten proportional zur Höhe der lmi-Prozesskosten umgelegt werden. Der Zuschlagsatz des lmn-Prozesses ergibt sich aus den angefallenen lmn-Kosten geteilt durch die angefallenen lmi-Kosten. Dadurch

---

[52] Vgl. *Coenenberg* et al. (2016). S. 166-168
[53] Vgl. *Horsch* (2020). S. 282
[54] Vgl. *Brühl* (2016). S. 144-145
[55] Vgl. *Coenenberg* et al. (2016) S. 170
[56] Vgl. *Coenenberg* et al. (2016) S. 171-172

erhöhen sich alle Prozesskostensätze um den ermittelten Zuschlagsatz. Wie bei der PKR nach Kostenstellen ist der letzte Schritt die Zurechnung zum Kostenträger. Dafür werden alle Prozesskostensätze mit der Kalkulation verbunden, indem für jedes Produkt die angefallenen Prozesse und damit zugeordneten Prozesskostensätze erfasst werden.[57]

3.2 Bedeutung der Prozesskostenrechnung für die Inno-Pharma GmbH

Die Inno-Pharma GmbH ist als innovatives Unternehmen in der Fertigung und Montage von Medizintechnik sowohl für professionelle Anwender als auch für Endanwender tätig. Die Produkte werden in Deutschland gefertigt und sollen auch zukünftig „Made in Germany" sein, ein Ausweichen auf billigere Produktionsstandorte im Ausland ist vom Management nicht gewünscht. Für das Unternehmen bietet sich der Einsatz einer Prozesskostenrechnung insbesondere in den Funktionsbereichen der Produktion, Montage, Logistik oder Materialwirtschaft an. Der Einsatz der PKR erweist sich bei der Inno-Pharma GmbH als sinnvoll, da die Kosten der indirekt an einem Hauptprozess beteiligten Funktionsbereiche transparent und genauer verrechnet werden können und nicht nur als Gemeinkostenzuschläge ergänzt werden. Des Weiteren erfolgt eine detaillierte Untersuchung der beteiligten Teilprozesse, wodurch mögliche Fehlerquellen erkannt und verbessert werden können.[58] Die Inno-Pharma GmbH möchte ihre Produkte langfristig in Deutschland herstellen und richtet daher die langfristige Strategie darauf aus. Aus diesem Grund ist es umso bedeutsamer, eine mittelfristige Kostensteuerung zu implementieren, Transparenz über die Gemeinkosten zu erhalten sowie Kostentreiber zu ermitteln und somit interne Prozesse in Bezug auf Zeit, Transparenz und Effizienz zu optimieren. Soll-Ist-Vergleiche können beim Einsatz der PKR nicht nur auf Kostenstellenebene, sondern auch kostenstellenübergreifend durchgeführt werden, was eine performantere Kostenplanung und -kontrolle zur Folge hat.[59] Den genannten Vorteilen stehen allerdings auch Grenzen und Schwächen der PKR gegenüber. So gilt sie lediglich als mittel- bis langfristiges Instrument, für eine kurzfristige Planung und Kontrolle ist sie nicht geeignet. Da die PKR eine Rechnung auf Vollkostenbasis ist, können kurzfristig bedeutsame Fragestellungen in den Produktionsbereichen auf Grund der fehlenden Informationen über die Grenzkosten nicht ausreichend beantwortet werden. Weiterhin gestaltet sich der Implementierungsaufwand als relativ hoch und ist mit ständiger Kontrolle und Überprüfung der anfallenden Prozesskosten verbunden. Um einen genaueren Prozesskostensatz auch bei geringerer Auslastung zu erhalten, sollte stets zusätzlich eine Art der Teilkos-

---

[57] Vgl. *Coenenberg* et al. (2016) S. 173-175
[58] Vgl. *Horsch* (2020). S. 290
[59] Vgl. *Lachnit/Müller* (2012). S. 105-107

tenrechnung wie beispielsweise der Ermittlung der kurzfristigen Preisuntergrenze im Unternehmen eingesetzt werden.[60] In den bisherigen Berechnungen und Anleitungen zur PKR werden wichtige Aspekte wie die Berechnung der Mitarbeiterkapazität oder der Zuordnung von Kapazität und Kosten außen vor gelassen. Wird die PKR um die Mitarbeiterauslastung und daraus resultierenden Unwirtschaftlichkeiten ergänzt, kann eine detailliertere Basis für die weitere Planung oder Budgetierung geschaffen werden. Demnach ist der Einsatz einer „erweiterten" Prozesskostenrechnung durchaus sinnvoll und um einiges genauer.[61]

Für die Inno-Pharma GmbH lässt sich festhalten, dass die Implementierung und der Einsatz einer PKR trotz ihrer Schwächen und Grenzen von Vorteil ist, da klassische KRS unzureichend auf die indirekten Funktionsbereiche eingehen, obwohl deren Kostenanteil immer mehr ansteigt. Außerdem möchte das Unternehmen mittel- bis langfristig eine optimierte Kostenplanung, -steuerung und -kontrolle sichern, insbesondere in Hinblick auf die strategische Ausrichtung „Produkte made in Germany".

3.3 Einfluss verschiedener Effekte auf die Aussagefähigkeit der Inno-Pharma GmbH

Im Vergleich mit traditionellen Kostenrechnungssystemen kann die Prozesskostenrechnung insbesondere auf zwei Gebieten deutliche Informationsvorteile bieten: die Nutzung der PKR als strategische Produktkalkulation sowie der Einsatz als strategisches Instrument in Hinblick auf Kostenplanung und -kontrolle in den indirekten Unternehmensbereichen.[62] Die aus den Informationsvorteilen entstehenden Effekte werden in den Allokations-, den Komplexitäts- und den Degressionseffekt aufgeteilt. Nachfolgend sollen die einzelnen Effekte beschrieben und anhand eines fiktiven Beispiels aus der Inno-Pharma GmbH verdeutlicht werden.

Die entstehenden Gemeinkosten werden bei der PKR anders als bei der traditionellen Verrechnung anhand der in Anspruch genommenen betrieblichen Ressourcen auf die Kostenträger bzw. einzelnen Produkte verteilt.[63] Die Allokation ist demnach vollkommen nicht von der Höhe der wertorientierten Zuschlagsbasen (insbesondere Material- oder Lohneinzelkosten) abhängig, da der Aufwand nicht durch proportionale Gemeinkostenzuschlagsätze bestimmt wird, sondern durch die Kosten für die notwendigen Prozesse.[64] Dadurch entsteht ein Informationsvorteil, da die Verteilung der Kosten viel genauer ist.

[60] Vgl. *Horsch* (2020). S. 290-291
[61] Vgl. *Braun/Walch* (2017). S. 64-70
[62] Vgl. *Freidank* (2019) S 116
[63] Vgl. *Ebert/Steinhübel* (2020) S. 240
[64] Vgl. *Coenenberg* et al. (2016) S. 183

Der sog. Allokationseffekt fällt dann auf, wenn die Ergebnisse der traditionellen Kalkulationsverfahren den Ergebnissen der Prozesskostenrechnung gegenübergestellt werden. In traditionellen Verfahren wird der prozentuale Anteil der GK-Zuschläge zu den Einzelkosten addiert. Bei der PKR erfolgt die Addition der Prozesskosten auf die Einzelkosten.[65] Am Beispiel der Inno-Pharma GmbH soll der Allokationseffekt dargestellt werden (Tab. 1). Die hierfür angenommen Werte sind rein fiktiv. Es sollen die Kosten für drei verschiedene Displayvarianten analysiert werden.

		Materialgemeinkosten		
Werte in €	Materialeinzelkosten	Zuschlagskalkulation[1]	Prozesskostenrechnung[2]	Allokationseffekt
Display A	11,29	15,02	15,73	-0,71
Display B	14,65	19,48	15,73	+3,75
Display C	18,43	24,51	15,73	+8,78

[1] Zuschlagssatz 133 %

[2] Prozesskostensatz 15,73 € / Stück

Tabelle 1: Beispielrechnung Allokationseffekt bei Displayvarianten der Inno-Pharma GmbH (Eigene Darstellung, in Anlehnung an Coenenberg et al. (2016), S. 184)

Diese Beispielrechnung zeigt deutlich, dass bei unterschiedlichen Materialeinzelkosten auch unterschiedliche Zuschläge der Materialgemeinkosten entstehen. Im Gegensatz dazu bleiben die Materialgemeinkosten bei der PKR pro Produkt gleich, da diese unabhängig von der Produktart sind und von der Anzahl der Bestellungen abhängen.

Ein weiterer Effekt, welcher zu Informationsvorteilen der PKR führt, ist der Komplexitätseffekt. Die PKR macht es möglich, dass komplexe Produkte und die Variantenvielfalt als Einflussgröße in der Kalkulation berücksichtigt werden.[66] Komplexe Produktvarianten erfordern einen höheren Bedarf an Gemeinkosten als einfache Produktvarianten, weshalb bei der Zuschlagskalkulation das Risiko entsteht, Produkten mit geringerer Komplexität zu hohe Komplexitätskosten zu verrechnen. Dadurch wird der Marktpreis verfälscht und Produkte zu teuer bzw. zu billig verkauft.[67] Die Folge daraus ist eine Verschiebung im Absatz, da „Standardprodukte" aufgrund ihres zu hoch angesetzten Preises weniger verkauft werden und komplexere Produkte trotz eines erhöhten Absatzes höhere Kosten als geplant verursachen.[68] Die PKR sorgt durch ihre Aufspaltung der Prozesse für eine verursachungsgerechte Verrechnung und somit auch für eine Berücksichtigung einer höheren GK-Belastung in Abhängigkeit von der Produktkomplexität. Auch hier lässt sich

---

[65] Vgl. *Ebert/Steinhübel* (2020) S. 240

[66] Vgl. *Freidank* (2019) S. 116

[67] Vgl. *Ebert/Steinhübel* (2020) S. 240

[68] Vgl. *Coenenberg* et al. (2016) S. 185

wieder beispielhaft die Produktion verschiedener Displayvarianten bei der Inno-Pharma GmbH nennen (Tab. 2):

| Werte in € | Einzel-kosten | Materialgemeinkosten | | Herstellkos-ten nach Zu-schlagskal-kulation | Herstell-kosten nach PKR | Alloka-tionsef-fekt | Komple-xitätsef-fekt |
		Zu-schlagskal-kulation[1]	PKR[2]				
Display A	11,29	15,02	15,73	26,31	27,02	-0,71	0
Display B	14,65	19,48	15,73	34,13	30,38	3,75	0
Display C	18,43	24,51	31,46	42,94	49,89	-2,08	-4,87

[1] Zuschlagssatz 133 %

[2] Prozesskostensatz 15,73 € / Stück

Tabelle 2: Beispielrechnung Komplexitätseffekt bei Displayvarianten der Inno-Pharma GmbH (Eigene Darstellung)

Zunächst wird bei Display C angenommen, dass die Produktion dafür doppelt so komplex ist. Folglich wird die doppelte Menge der Materialgemeinkosten bei der PKR addiert. Anschließend ergeben sich aus der Addition der Einzelkosten mit den Gemeinkosten die Herstellkosten pro Produkt. Die Differenzen bei Display A und B entstammen lediglich aus dem Allokationseffekt, da diese Produkte die gleiche Komplexität aufweisen und somit kein Komplexitätseffekt entsteht. Display C hingegen ist in der Produktion doppelt komplex, was zur Folge hat, dass ein Großteil der Differenz dem Komplexitätseffekt zugewiesen wird und nur ein geringerer Anteil dem Allokationseffekt.

Als letzter vorteilhafter Effekt bei dem Einsatz der PKR wirkt der Degressionseffekt. Dieser Effekt macht deutlich, dass die Gemeinkosten pro Mengeneinheit degressiv – also stufenweise – bei steigender Produktion sinken. Bei der Zuschlagskalkulation hingegen bleiben die Gemeinkosten je Mengeneinheit unabhängig von der Bestellmenge gleich hoch.[69] Die PKR bezieht sich lediglich auf die individuell genutzten Prozesse pro Produkt. Aus diesem Grund verringern sich die Prozesskosten aus den indirekten Bereichen bei höherer Bestellmenge, da der Aufwand für bestimmte Prozesse unabhängig von der Bestellmenge gleich hoch ist.[70] Um zu ermitteln, ab welcher Mindestbestellmenge Kosten- und Wettbewerbsvorteile gegenüber der Zuschlagskalkulation entstehen, wird die „kritische Menge" anhand nachfolgender Formel berechnet:[71]

$$kritische\ Menge = \frac{Prozesskostensatz * \emptyset\ Bestellmenge}{Zuschlagssatz * Einzelkosten}$$

---

[69] Vgl. *Horsch* (2020). S. 274
[70] Vgl. *Ebert/Steinhübel* (2020). S. 241
[71] Vgl. *Coenenberg* et al. (2016) S. 185

Zur Verdeutlichung des Degressionseffekts wird nochmals das Beispiel der Inno-Pharma GmbH aufgegriffen. Es besteht die Annahme, dass für Display B eine durchschnittliche Bestellmenge von 350 Stück vorliegt. Die Prozesskosten pro Stück liegen bei 15,73 €, der Zuschlagssatz liegt bei 133 % bzw. 19,48 €. Anhand dieser Daten ergibt sich folgende kritische Menge:

$$kritische\ Menge = \frac{15,73\ €/Stück * 350\ Stück}{133\ \% * 14,65\ €/Stück} = 282,62\ Stück$$

Folglich liegt die kritische Menge bei 282,62 Stück. Liegt die durchschnittliche Bestellmenge darunter, ist die Verrechnung der Gemeinkosten auf die Produkte zu gering bzw. vice versa. Für die Berechnung des Degressionseffekts lässt sich nachfolgende Tabelle (Tab. 3) für Display B verwenden:

Werte in €		Zuschlagskalkulation		Prozesskostenrechnung	
Stückzahlen	Materialeinzelkosten (14,65 €/Stück)	Materialgemeinkosten[1]	Materialkosten pro Stück	Materialgemeinkosten[2]	Materialkosten pro Stück
1	14,65	19,48	34,13	2.500,00	2.514,65
100	1.465,00	1.948,00	34,13	2.500,00	39,65
283	4.145,95	5.512,84	34,13	2.500,00	23,48
500	7.325,00	9.740,00	34,13	2.500,00	19,65

[1] Zuschlagssatz 133 %

[2] Plan-Prozesskostensatz pro Bestellung: 2.500,00 €

Tabelle 3: Beispielrechnung Degressionseffekt bei Displayvariante B der Inno-Pharma GmbH (Eigene Darstellung, in Anlehnung an Coenenberg et al. (2016), S. 186)

Die Berechnung zeigt, dass bei Erreichen der kritischen Menge von 283 Stück ein Degressionseffekt i.H.v. 10,65 € entsteht, bei einer Stückzahl von 500 liegt er bei 14,48 €.

Letztendlich kann die Inno-Pharma GmbH durch den Einsatz einer PKR strategische Fehlentscheidungen in Bezug auf Produktions- und absatzpolitischer Maßnahmen verringern, im besten Falle gar vermeiden.[72]

4. Ergebnisdiskussion und -interpretation

Ziel des Kapitels ist es, die Ergebnisse der Beispielrechnungen aus der beigefügten Exceldatei zu analysieren und zu interpretieren. Darüber hinaus sollen mögliche Potenziale sowie weitere Chancen und Risiken für die Inno-Pharma GmbH hinsichtlich der Berechnungen identifiziert werden. Die Basis bilden die Prozesskostenrechnungen der Abteilungen Montage und Materialwirtschaft, für welche jeweils zunächst die Prozessgesamtkosten und anschließend die Verrechnungssätze pro Prozess berechnet wurden.

---

[72] Vgl. *Freidank* (2019) S. 117

4.1 Ergebnisdiskussion Abteilung „Montage"

Für die Prozesskostenrechnung der Abteilung „Montage" werden die Prozesse einer Kostenstelle betrachtet:

Kostenstelle Montage

Die Kostenstelle „Montage" beschäftigt 10 Mitarbeitende (MA) im Jahr und verfügt über ein Budget von 2.445.810 €. Der Hauptprozess wird in vier Teilprozesse unterteilt, welche wiederum aus drei Imi-Prozessen und einem Imn-Prozess „sonstige Tätigkeiten" bestehen. Der Kostenanteil des Imn-Prozesses liegt bei ca. 11% der angefallenen Prozesskosten. Daraus lässt sich schließen, dass der Anteil der Gemeinkosten am gesamten Prozess eher gering ist. Diese Gemeinkosten können nicht direkt den Kostenträgern zugerechnet werden und müssen somit anhand des ermittelten Zuschlagssatzes auf die weiteren Teilprozesse verteilt werden. Auf Grundlage der Berechnung der Gesamtkosten pro Prozessschritt mit der angegebenen Prozessmenge können die Stückkosten berechnet werden, indem die Kosten der Imi-Prozesse sowie die der Imn-Prozesse pro Teilprozess zunächst ermittelt und anschließend miteinander addiert werden. Das Ergebnis lautet wie in Abb. 3 dargestellt:

Montage (KST)
Berechnung Stückkosten

Prozesse	Stückkosten Imi	Stückkosten Imn	Stückkosten Imi + Imn
Display montieren	45,86 €	5,10 €	50,95 €
Software installieren	56,44 €	6,27 €	62,71 €
Qualitätsprüfung durchführen	45,86 €	5,10 €	50,95 €

Abbildung 3: Screenshot Berechnung Stückkosten Kostenstelle Montage (Eigene Darstellung, Anlage Excel-Datei)

Bei der Analyse der Imi-Prozesse „Display montieren", „Software installieren" und „Qualitätsprüfung durchführen" fällt auf, dass die Prozesskosten trotz unterschiedlicher Prozessmengen bei allen drei Prozessen gleich hoch sind. Infolgedessen entstehen abweichende Verrechnungsätze, was wiederum Auswirkungen auf die einzelnen Prozessschritte in Abhängigkeit von deren Prozessmenge hat. Mit Prozesskosten von 62,71 € pro Stück ist der Prozess „Software installieren" um 11,76 € teurer als die Prozesse „Display montieren" bzw. „Qualitätsprüfung durchführen" (vgl. hierzu Abb. 3 „Screenshot Berechnung Stückkosten").

Um das Unternehmen weiterhin erfolgreich zu halten, ist es die Aufgabe des Controllings der Inno-Pharma GmbH Einsparpotenziale und Prozessoptimierungen zu ermitteln. Bei Betrachtung der Kostenstelle „Montage" könnte der Prozess „Software installieren" optimiert werden und somit möglicherweise Einsparpotenziale aufweisen. In diesem Zusammenhang wäre insbesondere zu prüfen, ob eine Steigerung der Prozessmenge möglich wäre, um die Prozesskosten zu senken. Eine weitere Überlegung wäre es, auf Basis der vorliegenden Prozesskostenrechnung eine Zielkostenrechnung (Target Costing) einzuführen. Hierbei wird der Preis ermittelt, den ein Produkt kosten darf und gibt somit ein Budget für die Produktion bzw. die Dienstleistung vor.[73] Da diese Kostenstelle mit ihren Prozessen produktbezogen ist, wäre die Überleitung in eine Zielkostenrechnung ein sinnvoller Schritt, um die Produktzielkosten zu berechnen. Das Installieren der Software nimmt den größten Kostenanteil ein und sollte aus diesem Grund auch einen erhöhten Anteil an der Erfüllung der Kundenerwartungen beitragen.

4.2 Ergebnisdiskussion Kostenstelle „Materialwirtschaft"

Für die Prozesskostenrechnung der Kostenstelle „Materialwirtschaft" werden die zwei (Unter-)Kostenstellen „Einkauf" und „Lager" betrachtet. Die Kostenstelle „Materialwirtschaft" beschäftigt 13 Personen im Jahr. Das Budget liegt bei 3.242.170 €:

Kostenstelle Einkauf

Die Kostenstelle „Einkauf" ist eine Unterkostenstelle der Materialwirtschaft. Mit 5 Beschäftigten im Jahr liegt das Budget bei 1.000.000 €. Der Hauptprozess besteht aus drei Teilprozessen: „Bestellungen durchführen", „Angebote einholen" und „sonstige Tätigkeiten". Wie schon bei der Kostenstelle „Montage" ist der Prozess „sonstige Tätigkeiten" ein lmn-Prozess. Bei den anderen beiden Prozessen handelt es sich um lmi-Prozesse. Mit einem Anteil von 25% machen die Gemeinkosten des lmn-Prozesses ein Viertel der gesamten Prozesskosten aus. Auch in diesem Beispiel werden die Stückkosten berechnet. Nachfolgende Abb. 4 zeigt das Ergebnis der Berechnung:

Einkauf (Unter-KST)
Berechnung Stückkosten

Prozesse	Stückkosten lmi	Stückkosten lmn	Stückkosten lmi + lmn
Bestellungen durchführen	9,93 €	2,48 €	12,41 €
Angebote einholen	193,24 €	48,31 €	241,55 €

Abbildung 4: Screenshot Berechnung Stückkosten Unterkostenstelle Einkauf (Eigene Darstellung, Anlage Excel-Datei)

Die genauere Betrachtung der beiden Prozesse zeigt, dass die Prozesskosten inkl. der Umlage trotz deutlich unterschiedlicher Prozessmengen (Bestellungen durchführen = 40.300, Angebote einholen = 2.070) gleich hoch ist, vgl. Abb. 5:

---

[73] Vgl. *Coenenberg* et al. (2016) S. 567

Einkauf (Unter-KST)	5 MAJ	Budget:	1.000.000 €					
Prozesse	Bezugsgröße	Prozessmenge	MAJ	Imi/Imn-Prozess	Prozesskosten	Umlage	Gesamtkosten
Bestellungen durchführen	Anzahl Bestellungen	40.300	2	Imi	400.000 €	100.000 €	500.000 €
Angebote einholen	Anzahl Angebote	2.070	2	Imi	400.000 €	100.000 €	500.000 €
sonstige Tätigkeiten			1	Imn	200.000 €		
				Kosten Imi-Prozess	800.000 €		
				Anteil Kosten Imn	25%		

Abbildung 5: Screenshot Berechnung Gesamtkosten Unterkostenstelle Einkauf (Eigene Darstellung, Anlage Excel-Datei) *(Die Abbildung wird auf der letzten Seite größer angezeigt.)*

Daraus lässt sich schließen, dass der Prozess „Angebote einholen" gemessen an der Prozessmenge und Anzahl der Beschäftigten zu hohe Kosten generiert. Die Verteilung hat zur Folge, dass die Prozesskosten pro Stück für den Prozess „Angebote einholen" um 229,14€ höher sind. Diese Differenz resultiert aus unterschiedlichen Verrechnungssätzen.

Für die Inno-Pharma GmbH ergeben sich mehrere Optionen, die Kosten pro Prozessmenge bei gleichbleibender Anzahl von Bestellungen zu senken. Eine Möglichkeit wäre es, die Prozessmenge zu erhöhen, indem eine höhere Anzahl an Angeboten eingeholt wird. Weiterhin wäre eine Überprüfung des Prozessablaufs denkbar, um herauszufinden, ob tatsächlich zwei Beschäftigte für die Prozessmenge notwendig sind. Anhand der Analyseergebnisse könnten Handlungsempfehlungen zur Kostensenkung und Prozessoptimierung entwickelt und umgesetzt werden.

Kostenstelle Lager

Die Kostenstelle „Lager" ist ebenfalls eine Unterkostenstelle der Materialwirtschaft. Sie beschäftigt 4 Mitarbeitende bei einem Budget von 500.000 € im Jahr. Der betrachtete Hauptprozess besteht aus den Teilprozessen „Einlagerungen", „Auslagerungen" und „sonstige Arbeiten". Die beiden erstgenannten Prozesse sind Imi-Prozesse, der Prozess „sonstige Arbeiten" stellt einen Imn-Prozess dar. Der Kostenanteil des Imn-Prozesses liegt bei 33% und macht somit ein Drittel der Gesamtprozesskosten aus. Die berechneten Prozesskosten pro Stück ergeben sich aus der Addition von Stückkosten Imi und Stückkosten Imn und werden in Abb. 6 gezeigt:

Lager (Unter-KST)
Berechnung Stückkosten

Prozesse	Stückkosten Imi	Stückkosten Imn	Stückkosten Imi + Imn
Einlagerungen	206,61 €	68,87 €	275,48 €
Auslagerungen	310,56 €	103,52 €	414,08 €

Abbildung 6: Screenshot Berechnung Stückkosten Unterkostenstelle Lager (Eigene Darstellung, Anlage Excel-Datei)

Die Prozesskosten sowie die Umlage der beiden Imi-Prozesse unterscheiden sich, sodass auch die Gesamtkosten pro Teilprozess geringer sind, wie in Abb. 7 dargestellt:

Lager (Unter-KST)	4 MAJ	Budget:	500.000 €				
Prozesse	Bezugsgröße	Prozessmenge	MAJ	lmi/lmn-Prozess	Prozesskosten	Umlage	Gesamtkosten
Einlagerungen	Anzahl Anlieferungen	605	1	lmi	125.000,00 €	41.666,67 €	166.666,67 €
Auslagerungen	Anzahl Auslagerungen	805	2	lmi	250.000,00 €	83.333,33 €	333.333,33 €
sonstige Arbeiten			1	lmn	125.000 €		
				Kosten lmi-Prozesse	375.000 €		
				Anteil Kosten lmn	33%		

Abbildung 7: Screenshot Berechnung Gesamtkosten Unterkostenstelle Lager (Eigene Darstellung, Anlage Excel-Datei) (Die Abbildung wird auf der letzten Seite größer angezeigt.)

Die Gesamtkosten des Prozesses „Auslagerungen" sind doppelt so hoch wie die Gesamtkosten des anderen lmi-Prozesses. Für eine ähnliche Prozessmenge wird doppelt so viel Kapazität benötigt. Hier erscheint eine Prozessanalyse für den Teilprozess „Auslagerungen" sinnvoll, um potenzielle Schwachstellen zu identifizieren und Einsparpotenziale zu entwickeln. Weiterhin sinken die leistungsmengenneutralen Stückkosten bei einer steigenden Prozessmenge. Beide Prozesse sollten hinsichtlich ihrer Komplexität genauer betrachtet werden. Ziel einer solchen Analyse könnte ein verbesserter Ressourceneinsatz sein.

5. Fazit und Ausblick

Die Fallstudie zeigt, dass sich ein Unternehmen wie beispielsweise die Inno-Pharma GmbH intensiv mit den verschiedenen Optionen eines Kostenrechnungssystems auseinandersetzen muss, um entscheiden zu können, welches das richtige für das Unternehmen ist. Dafür muss sich das Unternehmen mit den strategischen Zielen auseinandersetzen und überprüfen, welche Voraussetzungen bereits geschaffen sind und welches Kostenrechnungssystem einen Mehrwert bringt. Insbesondere die Einführung einer Prozesskostenrechnung bedarf eines hohen Aufwands und ist nur dann von Vorteil, wenn sie nutzungsgerecht eingesetzt wird. Als Führungskraft im Controlling der Inno-Pharma GmbH muss demnach genau abgeschätzt werden, ob sich der Aufwand der Einführung lohnt und vor allem, welche Erkenntnisse daraus gezogen werden sollen. Die Ergebnisinterpretation der vorliegenden Fallstudie macht dennoch transparent, wo mögliche Schwachstellen in den untersuchten (Teil-)Prozessen auftreten und verschaffen eine bessere Informationsbasis für die weitere Prozess- und Kostenanalyse oder gar für die Einführung weiterer Methodiken wie beispielsweise das Target Costing.

Die Einführung einer vollumfassenden Prozesskostenrechnung erscheint jedoch zu umfangreich. Der Fokus sollte eher auf repetitive Prozesse (z.B. Logistik, Einkauf) gelegt werden. Kreative Prozesse, bei denen unterschiedliche Tätigkeiten in Abhängigkeit vom jeweiligen Projekt anfallen, sollten bei der PKR zunächst nicht berücksichtigt werden. Dennoch bildet die Prozesskostenrechnung einen guten Ansatz für die Inno-Pharma GmbH, um ihre Prozesse kontinuierlich zu verbessern und Kosten zu senken, sodass die gewünschte strategische Zielsetzung „Made in Germany" beibehalten werden kann.

Literatur- und Quellenverzeichnis

Literaturquellen

Becker, W. (2011), Gabler Kompaktlexikon Modernes Rechnungswesen, Wiesbaden.

Becker, W./Ulrich, P. (2016), Handbuch Controlling, Wiesbaden.

Braun, D./Walch, M. (2017), Prozesskostenrechnung — Was bisher fehlte, Controlling & Management Review, 61. Jg., Nr. 4, S. 64–70.

Brühl, R. (2016), Controlling. Grundlagen einer erfolgsorientierten Unternehmenssteuerung, 4. Aufl., München.

Buchholz, L./Gerhards, R. (2016), Internes Rechnungswesen, Berlin, Heidelberg.

Coenenberg, A. G./Fischer, T. M./Günther, T. (2016), Kostenrechnung und Kostenanalyse, 9. Aufl., Stuttgart.

Ebert, G./Steinhübel, V. (2020), Kosten- und Leistungsrechnung, Wiesbaden.

Ernst, C./Schenk, G./Schuster, P. (2017), Kostenrechnung klipp & klar, 2. Aufl., Berlin.

Freidank, C.-C. (2019), Erfolgreiche Führung und Überwachung von Unternehmen. Konzepte und praktische Anwendungen von Corporate Governance und Reporting, Wiesbaden.

Götze, U. (2010), Kostenrechnung und Kostenmanagement, Berlin, Heidelberg.

Horsch, J. (2020), Kostenrechnung, Wiesbaden.

Horváth, P./Gleich, R./Seiter, M. (2020), Controlling, 14. Aufl., München.

Joos, T. (2014), Controlling, Kostenrechnung und Kostenmanagement, Wiesbaden.

Lachnit, L./Müller, S. (2012), Unternehmenscontrolling. Managementunterstützung bei Erfolgs-, Finanz-, Risiko- und Erfolgspotenzialsteuerung, 2. Aufl., Wiesbaden.

Lexware.de (2022), Vollkostenrechnung, in: https://www.lexoffice.de/lexikon/vollkostenrechnung/, abgerufen am 17. 8. 2022.

microtech GmbH (2022), Teilkostenrechnung, in: https://www.microtech.de/erp-wiki/teilkostenrechnung/, abgerufen am 17. 8. 2022.

Müller, S./Müller, S. (2020), Unternehmenscontrolling, Wiesbaden.

Mumm, M. (2019), Kosten- und Leistungsrechnung, Berlin, Heidelberg.

Plinke, W./Utzig, B. P. (2020), Industrielle Kostenrechnung. Eine Einführung, 9. Aufl., Berlin, Heidelberg.

Reim, J. (2020), Kosten- und Leistungsrechnung: Instrumente, Anwendung, Auswertung, Wiesbaden.

Velte, P./Müller, S./Weber, S. C./Sassen, R./Mammen, A. (Hrsg.) (2018), Rechnungslegung, Steuern, Corporate Governance, Wirtschaftsprüfung und Controlling. Beiträge aus Wissenschaft und Praxis, Wiesbaden, Heidelberg.

Einkauf (Unter-KST)	5 MAJ	Budget:	1.000.000 €					
Prozesse	Bezugsgröße	Prozessmenge	MAJ		lmi/lmn-Prozess	Prozesskosten	Umlage	Gesamtkosten
Bestellungen durchführen	Anzahl Bestellungen	40.300	2	lmi		400.000 €	100.000 €	500.000 €
Angebote einholen	Anzahl Angebote	2.070	2	lmi		400.000 €	100.000 €	500.000 €
sonstige Tätigkeiten			1	lmn		200.000 €		
				Kosten lmi-Prozess		800.000 €		
				Anteil Kosten lmn		25%		

Abb. 5 (siehe S. 25)

Lager (Unter-KST)	4 MAJ	Budget:	500.000 €					
Prozesse	Bezugsgröße	Prozessmenge	MAJ		lmi/lmn-Prozess	Prozesskosten	Umlage	Gesamtkosten
Einlagerungen	Anzahl Anlieferungen	605	1	lmi		125.000,00 €	41.666,67 €	166.666,67 €
Auslagerungen	Anzahl Auslagerungen	805	2	lmi		250.000,00 €	83.333,33 €	333.333,33 €
sonstige Arbeiten			1	lmn		125.000 €		
				Kosten lmi-Prozesse		375.000 €		
				Anteil Kosten lmn		33%		

Abb. 7 (siehe S. 26)